# Coágulo

Vencedor do Prêmio Maraã de Poesia 2018

Coágulo

Humberto Pio

Copyright © 2019 Humberto Pio
Coágulo © Editora Reformatório

Editores
Marcelo Nocelli
Rennan Martens

Revisores
Marcelo Nocelli
Natália Souza

Imagem de capa
Coágulo (2017) – linoleogravura de Humberto Pio

Fotografias
Marcelo Dacosta

Design e editoração eletrônica
Estúdio Risco

Dados Internacionais de Catalogação na Publicação (CIP)
Bibliotecária Juliana Farias Motta CRB7/5880

Pio, Humberto

Coágulo / Humberto Pio. – São Paulo : Reformatório, 2019.
96 p. ; 14x21 cm.

ISBN: 978-85- 66887- 57-0

Livro vencedor do Prêmio Maraã de Poesia 2018

1. Poesia brasileira. I. Título

| P662c | CDD B869.1 |

Índices para catálogo sistemático:
1. Poesia

Todos os direitos desta edição reservados à:

Editora Reformatório
www.reformatorio.com.br

Ao barro moldado em torno do tempo...

Para Ju, predestinação pataxó, jarro inquebrantável.

"Negro crepúsculo mergulhou em meu avesso
e na goela de minhas tempestades
o pó de meus céus de vidro veio ao chão.
O tempo? Findo; só meu silêncio é o pêndulo
— compasso de minhas contradições."

OLGA SAVARY

Sumário

17	À guisa de prefácio
19	Cerne
20	Anunciação
21	Carrossel
22	Nana
23	Azul
24	Tesouro perdido
25	Dois amores
26	Buquê
27	Aos pés da amada
28	Mistério
29	Dublê
30	Logotipo
31	Tatuagem
32	Bambolê
33	Vã
34	Memória
35	Vento
36	Magma
37	Sono só
38	Depois
39	Zum-zum
40	Feira

41	Os sobreviventes
42	Amor urbano
43	Ímpio
44	Velatura
45	Lava
46	Tarde
47	Madureza
48	Da arte de esbofetear
49	A etimologia do desenho
50	Chips
51	Torrão secreto
52	Maga
53	C.i.e
54	Janela para o mar
55	Choro nº 13 [da ordem das cicatrizes]
56	Oração subordinada
57	Prometida
58	Nota de rodapé ou o tamanho da alma
59	Sem a tua companhia
60	Turbulência
61	Professora
62	Sentinela
63	Valsa partida
64	Mãe da rua
65	Peculiar

66	Concorde
67	Cosmogonia
68	Metamorfose
69	A inveja do poeta
70	Caco
71	Preguiça gigante
72	Emoliente
73	Outono
74	Visual fantástico
75	Suassoneto
76	Glicerina pura
77	Elogio ao amor
78	2046
79	Poema sem trema
80	Icterícia
81	Engarrafamento
82	A origem da matéria
83	Gourmet
84	Café com leite
85	Lacrimogêneo
86	Resistência
87	O rapto de Perséfone
88	Hermenêutica de botequim
89	Inclassificável
90	Na roda da diáspora

À guisa de prefácio

Este é um livro escrito em sangue talhado, seleta de poemas versados nos últimos vinte e sete anos, palavras que ora postulam uma memória compartilhada, na proposição de Jorge Luis Borges. Organizadas em ordem cronológica, as composições que seguem dão conta de uma permanente e cordial transitoriedade: em cada uma delas sou outro e sou o mesmo, sem necessariamente ter sido um deles.

Entrego assim ao ledor minha gaveta de guardados, signo de finitude, na esperança de que a poesia seja nossa.

Cerne

No areal, quantos eus repousam?
Consumido, continuo a caminhar
Das certezas de outrora, pouco resta:
Aquela certeza transcrita.

Anunciação

Mônada desperta, felicidade
Há sangue no dito não dito
Poesia na vida, olhar no cheiro
Nostalgia do que ainda não veio
Disciplina no dia em Phobos e Deimos

Carrossel

Nossos pés se tocam
no solo trincado pelo sol
(ou pela água?)
Nossos olhos se encontram
Na brancura incompleta dos cavalos
(ou naquele colorido?)
E o beijo que te roubo
Tem o gosto das nuvens
(ou do algodão doce que não há?)

Finjo não ver a rubra sela
Aparecida na roda externa da ciranda
(pois) feliz te quero mais que te quero.

Nana

Quis contigo criar um livro-objeto
Em prosa tua polilíngue indecifrável
Com minha língua tocando tua vulva

Saiu um poeminha na areia!

Azul

Cobre-se de bruma os olhos
à explosão das pedras das gerais.
De bruma os ouvidos
ao despertar do vulcão.
Eu aturdido, entre a vontade e o destino.

Tesouro perdido

a terceira primavera não floriu
e do chão brotou grande pedra
deixando oco tudo lá
com frio de dentro
cabeça em carrossel já velho
sem bússola ou mapa pra guiar

Dois amores

Tão oco outrora como agora
Mais oco agora que outrora.

Não como eco do oco
Como oco do eco agora.

E vejo no retrato de agora
A felicidade do retrato de outrora.

E no agora não estou como nunca
Enquanto no de outrora momentos ecoados.

Buquê

Símile Adélia, desconfio fazer poesia
Busco o sacro das coisas...
E creio caber na rosa muito mais que uma rosa
Pétalas que contam uma história:
A primeira rosa aos cinco meses
A rosa branca de Nijinsky
A rosa vermelha de um ano (filme de Almodóvar)
A rosa com desculpas de San Sebastian
A rosa decalcada na calcinha
A rosa esquecida por aqui
A rosa chocolate de aniversário
A rosa desenho do dia internacional
A rosa rubra do municipal
A rosa que não houve no natal
A rosa com poesia do Drummond
A mini-rosa da mini-vendedora do último dia
Virtudes d'alma, venturas do corpo.
A rosa negra que desenhaste!

Aos pés da amada

quanta graça nos teus pés descalços, dedos se contraindo
do dedão provocante ao dedinho tímido
a proporção certa, o arco solícito, as unhas bem cuidadas
cores de vasto espectro, textura de nem sei que
aquele tendão de aquiles, aquela minha fraqueza
o torneado tornozelo, o calcanhar que é de se amar
que cheiro e sabor não têm...

estudei anatomia, faltou-me a medicina chinesa
descobri tarsos – ossos cuneiformes, navículas, talo, calcâneo e cuboide
metatarsos – metatarsianos e sesamoides
falanges – de halux e dos pododáctilos
a primeira – proximal
falanginha – medial
e falangeta – distal

nó a nó nada que explicasse o encanto de teus pés
nada que contasse a real geografia dessas extremidades que adoro

Mistério

Seu corpo é um longo infinito que teimo em conhecer
Devagarinho, como quem bebe a pouca água do deserto
Ontem demorei-me em sua orelha, nem ouvia o que falava
Anteontem tarei embaixo do braço, seu suor me enlouquecia
Outro dia as mãos delicadas de unhas onduladas a me acariciar
As dobras ao revés dos joelhos, as coxas em que descanso, a boca

se morde-me os lábios então,

 estou no céu

Amar é isso, descobrir sempre um outro no mesmo.

Dublê

estanca sangue com saco de algodão
dali, então, só vaza líquido
que sólido não consegue passar
refluxo, e já nem líquido volta
evapora, deixando piso frio
talha, limo escuro em cativeiro
impregna, ininteligível, insolúvel
puro não seguido ao sim
de nem sei onde agora há pouco

Logotipo

de um eme fiz dois vês,
tudo de cabeça pra baixo

de lado era a somatória,
o dois de novo em um

(interseção pletora)

e na mesma matemática,
o agá de ponta-cabeça

a oitava letra e prima das oito,
rodando: o infinito...

Tatuagem

arrisco um asterisco
te risco
para indicar supressão

Bambolê

precisamente na linha dos quadris
ali a poesia sem métrica
gingado grave de palavras

Vã

a doçura do teu beijo não esconde
o devaneio que escondes sob o preto
e teu olhar assim castanho
que me corta a pele e
teu cheiro em minha mão
de despedida e ou noite mal dormida
de que amanhã é quinta e quanta coisa
e já nem sei do tempo
da pinga caprichosa ou do
vinho em que a verdade

Memória

e quando o meio meio que conspira
e a poesia nos espera em velha casa
(à espera dos bárbaros) os gregos
íris crepuscular ou tardo brilho e não desfecho
cofre tranca talco em dólar prata referido
ou ágora, agora encontro em agonia
de pássaros, de petardos, de pessoas
ao som do pequeno atabaque

Vento

mesmo a naftalina não
oculta... inebria... memoro
tua tez colada à minha

Magma

fluido em pedra enrijecer
mudar o estado
estar todo

Sono só

entre ensaios me perco
e eis que longe ressurge
em dores boas de foda
a hora perdida (ou ganha pra sempre)

brinco com o passado rindo-lhe
gargalho às virilhas da mulher
e trago certo medo do sonho
na ausência da contracepção

e se há balada lá fora
(e quase sempre há)
não me importe o perene
faz sol, eu canto e sei de tudo

(tudo que me trouxeste quando pouco ou nada restou)

Depois

abandonado como nunca
sentia-me usado em abuso
mas não negava-lhe ouvidos
ou olhos de ver e vias
o tardar da hora
obtuso crepúsculo eterno
letras correntes num caderno
sangue com geleia de amora

Zum-zum

entre o bololô da vida
e o bololô da saia
a palavra, suspensa no ar

Feira

as folhas rasgadas ontem
o mesmo vento levou

e hoje trouxe-me aqui
outono-pipa, primavera

teus olhos verdes a refletir
o extenso gramado

e ainda levo na boca o gosto
de pitangas madurinhas

Os sobreviventes

há o que sei no dois pelo que cala
ou segue batido à máquina – 364

Amor urbano

Amor de praça, a cada passo um beijo...
Tão urbano que adivinhava a notícia do semanário:
mobiliário recuperado de caçamba e o belo vago edifício a demolir.

Havia também a madureza de quem já sofreu...
E este encanto de quem reencontrou sentido num roteiro:
ruas, botecos, parques, motéis e sonhos
(registrados pela máquina japonesa).

E ainda um sexo suado:
corpos na janela, seios fartos, línguas molhadas...
Um falo e uma boceta.

Ímpio

o ardiloso titereiro
depois do papo matreiro:
costela de um dinossauro
em simples folha de coqueiro

Velatura

um manifesto simples do elaborado
a memória da geometria da infância:
pirâmides coloridas: barcos, passa-sete

Lava

aquele miocárdio dança quando as
palavras certas são cozidas em vapor e
despertam agridoces na boca, alheias,
movendo o rugido grave à tona:
o oco, de profundezas...

Tarde

Minhas patas sabem acariciar
O figo dela cabe exato
Uma rajada de pássaros, diria Olga Savary

Madureza

E quando chegar o tempo da colheita, desceremos ao jardim logo cedo. À sombra do caramanchão, cuidado e tesoura, podaremos cada cacho. Já imagino teus pés na pisa e as canções no ritmo do trabalho. Beberemos do vinho toda noite.

Da arte de esbofetear

Felicidade é quando de véspera a ansiedade não nos toma. Ela é formada de pequenos gestos quando a gente não espera. De maneira que a surpresa anda de braços dados com a felicidade. A cidade é o lugar do encontro. Quando a gente encontra na rua um amigo contraventor, fica feliz num abraço. Às vezes, quando toca o telefone, a felicidade é uma só, esteja o outro longe ou perto. Nesse caso, quer-se bem ao próximo, ou ao distante; e se é querido. É feliz quando a gente escolhe um presente para uma criança adorável, ou quando ela procura no rosto adulto um canto sem barba para o beijo matinal. Hoje, em especial, o dia amanheceu na promessa de que o sofrimento, ora em diante, será apenas lembrado entre quatro paredes, como um alerta.

A etimologia do desenho

Uma nova mochila para novas pedras
Bastam para fazer um homem feliz
Jogá-las no precipício ou nos outros

Chips

cartela de fazenda lembra tio e lembra vó
banana lembra vô, harém de pencas
e inhame filtra o sangue da gente.

Torrão secreto

ainda impregnado, teu cheiro evanescente
entre os dedos
que ali couberam um a um, todos juntos
depilada, agarrada a ela: unha de gato, trepadeira
a memória roxa de tua tez alva, teu cu perfeito
minhas mãos em tuas ancas
teus pés na minha boca

e sobretudo teus seios inadjetiváveis na boca sedenta do meu amor

Maga

olhos miúdos
ouço o barulho dos teus pés imensos
imersos n'água
(riacho cristalino)

tuas mãos fortes tremem
embebidas
parecem querer agarrar o mundo
(garras de ganas de nadas)

seixo rolado

C.i.e.

tua boca carnuda
e a mordida incisiva
de ocultar molares

Janela para o mar

Num balé helicoidal plainam
Dois garbosos e festivos urubus

Moto-contínuo neutro
Atravessam a tarde cinzenta

Quanta, encontro, enquanto
Prenúncio de natal incomum

No espelho cravejado de semínimas
Vês: é véspera, vesperal, música nova

Choro nº 13 [da ordem das cicatrizes]

em cada banda.da banda uma orquestra de apoio
um despejo, duas partituras extraviadas, algumas anotações
sincretismo: atonalidade clássica

a morte: sísifo com a pedra ao cume
mas se o tempo não é linear… rege a lua
início de um novo ciclo, transmutação

o filho abandonado de nanã, cuidado por yemanjá,
descoberto entre as frestas por oyá
que com ele dançou noite adentro: atotô obaluaiyê!

pipoca ali, aqui, pipoca além, desanoitece a manhã, tudo mudou!

Oração subordinada

nem nunca me bastou saber, preciso sentir, sistema meu!

fato, em ti, é que preciso mais de oxum do que de oxóssi

és livre e encontro beleza aí, quase emudeço

mas a indiferenciação da eterna caça confunde-me

me faz parecer ridículo, desnecessário sujeito dentre tantos objetos.

do lado de cá sensação e intuição por vezes se confundem

eu sempre introvertido

e isso choca com tua generosa extroversão

libido a fluir de dentro pra fora…

pensamento, sentimento?

o que peço, amor meu, é que olhes de soslaio de fora pra dentro

partilha nossa

que baixes a guarda

que confies

que te sujeites

que estejas presente como já és!

(e sobretudo que não peças perdão)

sístole e diástole…

amar, verbo transitivo direto.

Prometida

quatro, quase, anos:
tudo aqui mudou; não mudou?
o apelido já não é mais teu, torrão de outrem
e o dia amanheceu triste na ausência dupla
mas eu te desejo feliz (pralém do próprio desejo)

Nota de rodapé ou o tamanho da alma

Às vezes é necessário escrever um romance para concluir que não valeu a pena.

Sem a tua companhia

sistema dela: a manhã a inventar campainhas
para visitas que necessariamente não virão

Turbulência

Ela me escreveu uma carta em seu diário de viagem a Nova York
Ela, uma mulher de Cindy Sherman no Met
Eu, uma pintura de Rohtko no MoMA
Eu lhe entreguei meu coração de pedra, ainda no saguão do aeroporto
Bob Dylan acabara de lançar Modern Times

Professora

Numa manhã de carnaval compilo todas as manhãs dos poetas…
Ainda sem saber que amanhã não vai ter sol.

Sentinela

Rebu sobre as unhas dos dedos frios das mãos
Intuição de crisântemos num salão quase vazio
A esquife laqueada encima o mármore carrara

Pela janela, urubus desenham círculos encarnados num céu plúmbeo

Valsa partida

da queda inesperada ele se ergueu
esqueceu da dor, olhares travou com ela
tomou-a em seus braços com amor
acariciou, os lábios pousou na esfera

foi, foi caminhando em direção à cal
cambaleante pareceu normal
pra trás, detrás, atrás...

atroz, três passos penais ele retrocedeu
tramou de cintura o rematador
tempo estancou de frente às traves
tremeu guarda-metas canto adivinhou
torcida a mil

partiu... e é gol!

Mãe da rua

É como se tivesse empinado pipa
Como se tivesse lançado um pião
É como se chegasse sorrateiro ao pique
No céu da amarelinha pedra já na mão

É pelada na rua, é ripa na chulipa
Birosca na caçapa, passa anel, balão
O cabra dá três voltas cegas no chilique
Estilingue, vidraça, um beijo de portão

A matinê no clube, o ronco da cuíca
Loló com serpentina, risco no salão
Espoleta no ponto pra matar cacique
O sangue do diabo inunda o quarteirão

Tarefa pronta agora andar de bicicleta
Parar, pular o muro pra roubar romã
Bafo no alpendre com figura de chiclete
Ladeira, finda a tarde com seu rolimã

Pra que tanto desencontro?
Se a parada é ancestral...
Por que tanto desencanto?
Mata a cobra e mostra o pau!

Peculiar

tome o intestino pelo duodeno
íntimo presumo, do piloro ao jejuno
quando menos delgado, jamais anafado.

Concorde

Tantas escalas quanto forem os voos.

Cosmogonia

Sou de acordo com o sol: suo.

Metamorfose

amofinado pelo amor finado
injetou morfina
introjetou geral

com afinco criou mofo
foi da fama à fome
ficou amórfico

serviu de mofa à fina flor

A inveja do poeta

haja madeirite:
pra construir
no concreto,
o projeto
do sulfite.

Caco

com o atraso me arraso
merece uma rosa?
não, um vaso!

Preguiça gigante

Raciocina: na Gruta de Maquiné, a guia pede guaraná!

Emoliente

vem sem bula a pomada para uso utópico

Outono

úmida nas dobras
feito roupa no varal

Visual fantástico

papel metalizado já foi luxo
fosco hoje virou mate
acetinada é a fita em rolo
que de cetim nada tem

Suassoneto

Guardava de outrora a lição
Ouvida em momento distante,
Se o que é ruim é brincante
Já o bom de passar tende a não.

Esquenta um café, assa o pão
Em ágora agora de novo
Cultura a valer é do povo
Na mesa Quaderna e Lampião.

Na língua tendo pouco freio
Fidalgo em qualquer cochambrança
Se é pra falar mal arrodeio.

Não fatigo de ter esperança
Minha gente: esteio, arreio
O riso é a minha vingança.

Glicerina pura

Poesia é aquela ideia recuperada do banho.

Elogio ao amor

no godê de Godard o presente, em cinzas, no ar
o tempo que precede um passado fauvista
improvável pintura, resumo do existido
amar, desamar, amar, malamar, amar
e desse mar a memória como âncora
escrita quase sem canto, coisa outra feita
poeira de antiquário, rosa dos ventos
no sentido do acontecido do que é sentido
aquilo que prescinde do desenho, mínimo
extra, luxo, super: nossas ruminessências
meditação entre buzinas desgovernadas
cada pensamento lembra a ruína de um sorriso

2046

rubra arde a face e sinto
lágrimas evaporando dos olhos
ausente em meio a muitos
com os nervos à flor da pele
acaricio minhas patas
enquanto tateio tuas mãos
simulacros, presente histórico

entre reflexos de amores no tempo
escrevo meu livro à beira-mágoa

Poema sem trema

Eu não embaço
Não saio no braço
Nem tiro cabaço
Comigo é faca no baço

Eu não tiro meu buço
No bigode sou russo
Nem durmo de bruços
Incluso engulo soluço

Icterícia

Bananas climatizadas não apresentam matizes
São filiais ou matrizes, do amarelo por um triz...

Engarrafamento

o radar reportado no meio da música
no meio da pista o buraco de grande porte
é falta de sorte, por uma espada reporte
já trabalha à beça, nem pense obedeça
desconheça tudo a quilo ao seu redor

reportando radar semafórico à frente

A origem da matéria

água
lava
queima

Gourmet

de paetê
o patê
do poeta

Café com leite

eu gostava de te ver lua cheia
casta, à noite visitá-la
lá onde se esconde o mais recôndito
como se pudesse, ainda, habitá-la

Lacrimogêneo

Pisou forte, deu pressão na ré
Mas não escapou da repressão
Resolveu então fugir a pé
Foi pisoteada pelo pelotão

Resistência

pra sair da situação corrente

não perder a geração
melhorar a transmissão
e recuperar a distribuição

procuro uma fase de efeito reverso
procuro uma frase de efeito re-verso

homopolar, direta e inversa
linha, estrela e delta
libido, chuveiro e gozo

pra aliviar essa onda ...

O rapto de perséfone

dos presentes ausentes
mestres mesmo só três

o tau da física: brilhante da casa um dia aprende a jogar go.

Hermenêutica de botequim

sobre as varetas dos acontecimentos
os pratinhos continuam girando

de longe, você dirá que é por impulso
de perto, você verá que é por escolha

pele
ferro
vento
junco

nega
negocia
revolta
aceita

luta
livre
lúcida
libertina

com a tenacidade
de uma sacerdotisa
a quem a terra se curva

Inclassificável

assim sendo, sigo colecionando o silêncio
manifesto no intervalo entre uma palavra

e outra.

Na roda da diáspora

quando o pior se avizinha
já que vazam os vizinhos
inicie uma nova cruzada

bote o ebó na encruzilhada
principie uma grande zoada
faça a festa na fresta, azeitada

trampe, tempere os tempos
ouça o barulho dos ventos
empilhe pedras nos troncos
promova a fusão nos encontros

cante uns pontos no quintal
escreva um poema ritual
entre em, transe, levante
neste exato instante encante!

Prêmio Maraá de Poesia 2018

Idealização Osório Barbosa
Realização Editora Reformatório

Apoio
Academia Paulista de Letras
Estúdio Risco

Esta obra foi composta em Arno Pro e impressa em papel pólen bold 90 g/m2 para a Editora Reformatório em junho de 2019.